ENTRÉES

RECETTE :

Préparation : _____
Cuisson : _____

INSTRUCTIONS :

INGREDIENTS :

ENTRÉES

RECETTE :

Préparation : _____
Cuisson : _____

INSTRUCTIONS :

INGREDIENTS :

ENTRÉES

RECETTE :

INSTRUCTIONS :

ENTRÉES

RECETTE :

INSTRUCTIONS :

RECETTE :

Préparation : _____
Cuisson : _____

INSTRUCTIONS :

INGREDIENTS :

RECETTE :

Préparation : _____
Cuisson : _____

INSTRUCTIONS :

INGREDIENTS :

VIANDES

RECETTE :

INSTRUCTIONS :

VIANDES

RECETTE :

INSTRUCTIONS :

POISSONS

RECETTE :

Préparation : _____
Cuisson : _____

INSTRUCTIONS :

INGREDIENTS :

POISSONS

RECETTE :

Préparation : _____
Cuisson : _____

INSTRUCTIONS :

INGREDIENTS :

POISSONS

RECETTE :

INSTRUCTIONS :

POISSONS

RECETTE :

INSTRUCTIONS :

LÉGUMES

RECETTE :

Préparation : _____
Cuisson : _____

INSTRUCTIONS :

INGREDIENTS :

LÉGUMES

RECETTE :

Préparation : _____
Cuisson : _____

INSTRUCTIONS :

INGREDIENTS :

RECETTE :

INSTRUCTIONS :

LÉGUMES

RECETTE :

INSTRUCTIONS :

LÉGUMES

SNACKS

RECETTE :

Préparation : _____
Cuisson : _____

INSTRUCTIONS :

INGREDIENTS :

SNACKS

RECETTE :

Préparation : _____
Cuisson : _____

INSTRUCTIONS :

INGREDIENTS :

RECETTE :

INSTRUCTIONS :

SNACKS

RECETTE :

INSTRUCTIONS :

SNACKS

DESSERTS

RECETTE :

Préparation : _____
Cuisson : _____

INSTRUCTIONS :

INGREDIENTS :

DESSERTS

RECETTE :

Préparation : _____
Cuisson : _____

INSTRUCTIONS :

INGREDIENTS :

DESSERTS

RECETTE :

INSTRUCTIONS :

DESSERTS

RECETTE :

INSTRUCTIONS :

ENTRÉES

RECETTE :

Préparation : _____
Cuisson : _____

INSTRUCTIONS :

INGREDIENTS :

ENTRÉES

RECETTE :

Préparation : _____
Cuisson : _____

INSTRUCTIONS :

INGREDIENTS :

RECETTE :

INSTRUCTIONS :

ENTRÉES

RECETTE :

INSTRUCTIONS :

ENTRÉES

RECETTE :

Préparation : _____
Cuisson : _____

INSTRUCTIONS :

INGREDIENTS :

RECETTE :

Préparation : _____
Cuisson : _____

INSTRUCTIONS :

INGREDIENTS :

VIANDES

RECETTE :

INSTRUCTIONS :

VIANDES

RECETTE :

INSTRUCTIONS :

POISSONS

RECETTE :

Préparation : _____
Cuisson : _____

INSTRUCTIONS :

INGREDIENTS :

POISSONS

RECETTE :

Préparation : _____
Cuisson : _____

INSTRUCTIONS :

INGREDIENTS :

POISSONS

RECETTE :

INSTRUCTIONS :

POISSONS

RECETTE :

INSTRUCTIONS :

LÉGUMES

RECETTE :

Préparation : _____
Cuisson : _____

INSTRUCTIONS :

INGREDIENTS :

LÉGUMES

RECETTE :

Préparation : _____
Cuisson : _____

INSTRUCTIONS :

INGREDIENTS :

RECETTE :

LÉGUMES

INSTRUCTIONS :

RECETTE :

LÉGUMES

INSTRUCTIONS :

SNACKS

RECETTE :

Préparation : _____
Cuisson : _____

INSTRUCTIONS :

INGREDIENTS :

SNACKS

RECETTE :

Préparation : _____
Cuisson : _____

INSTRUCTIONS :

INGREDIENTS :

RECETTE :

SNACKS

INSTRUCTIONS :

RECETTE :

SNACKS

INSTRUCTIONS :

DESSERTS

RECETTE :

Préparation : _____
Cuisson : _____

INSTRUCTIONS :

INGREDIENTS :

DESSERTS

RECETTE :

Préparation : _____
Cuisson : _____

INSTRUCTIONS :

INGREDIENTS :

DESSERTS

RECETTE :

INSTRUCTIONS :

DESSERTS

RECETTE :

INSTRUCTIONS :

ENTRÉES

RECETTE :

Préparation : _____
Cuisson : _____

INSTRUCTIONS :

INGREDIENTS :

ENTRÉES

RECETTE :

Préparation : _____
Cuisson : _____

INSTRUCTIONS :

INGREDIENTS :

RECETTE :

INSTRUCTIONS :

ENTRÉES

RECETTE :

INSTRUCTIONS :

ENTRÉES

VIANDES

RECETTE :

Préparation : _____
Cuisson : _____

INSTRUCTIONS :

INGREDIENTS :

VIANDES

RECETTE :

Préparation : _____
Cuisson : _____

INSTRUCTIONS :

INGREDIENTS :

VIANDES

RECETTE :

INSTRUCTIONS :

VIANDES

RECETTE :

INSTRUCTIONS :

POISSONS

RECETTE :

Préparation : _____
Cuisson : _____

INSTRUCTIONS :

INGREDIENTS :

POISSONS

RECETTE :

Préparation : _____
Cuisson : _____

INSTRUCTIONS :

INGREDIENTS :

POISSONS

RECETTE :

INSTRUCTIONS :

POISSONS

RECETTE :

INSTRUCTIONS :

RECETTE :

Préparation : _____
Cuisson : _____

INSTRUCTIONS :

INGREDIENTS :

LÉGUMES

RECETTE :

Préparation : _____
Cuisson : _____

INSTRUCTIONS :

INGREDIENTS :

LÉGUMES

LÉGUMES

RECETTE :

INSTRUCTIONS :

LÉGUMES

RECETTE :

INSTRUCTIONS :

SNACKS

RECETTE :

Préparation : _____
Cuisson : _____

INSTRUCTIONS :

INGREDIENTS :

SNACKS

RECETTE :

Préparation : _____
Cuisson : _____

INSTRUCTIONS :

INGREDIENTS :

RECETTE :

INSTRUCTIONS :

SNACKS

RECETTE :

INSTRUCTIONS :

SNACKS

DESSERTS

RECETTE :

Préparation : _____
Cuisson : _____

INSTRUCTIONS :

INGREDIENTS :

DESSERTS

RECETTE :

Préparation : _____
Cuisson : _____

INSTRUCTIONS :

INGREDIENTS :

DESSERTS

RECETTE :

INSTRUCTIONS :

DESSERTS

RECETTE :

INSTRUCTIONS :

ENTRÉES

RECETTE :

INSTRUCTIONS :

Préparation : _____
Cuisson : _____

INGREDIENTS :

ENTRÉES

RECETTE :

INSTRUCTIONS :

Préparation : _____
Cuisson : _____

INGREDIENTS :

RECETTE :

INSTRUCTIONS :

ENTRÉES

RECETTE :

INSTRUCTIONS :

ENTRÉES

VIANDES

RECETTE :

Préparation : _____
Cuisson : _____

INSTRUCTIONS :

INGREDIENTS :

VIANDES

RECETTE :

Préparation : _____
Cuisson : _____

INSTRUCTIONS :

INGREDIENTS :

VIANDES

RECETTE :

INSTRUCTIONS :

VIANDES

RECETTE :

INSTRUCTIONS :

POISSONS

RECETTE :

Préparation : _____
Cuisson : _____

INSTRUCTIONS :

INGREDIENTS :

POISSONS

RECETTE :

Préparation : _____
Cuisson : _____

INSTRUCTIONS :

INGREDIENTS :

POISSONS

RECETTE :

INSTRUCTIONS :

POISSONS

RECETTE :

INSTRUCTIONS :

RECETTE :

Préparation : _____
Cuisson : _____

INSTRUCTIONS :

INGREDIENTS :

LÉGUMES

RECETTE :

Préparation : _____
Cuisson : _____

INSTRUCTIONS :

INGREDIENTS :

LÉGUMES

RECETTE :

LÉGUMES

INSTRUCTIONS :

RECETTE :

LÉGUMES

INSTRUCTIONS :

SNACKS

RECETTE :

Préparation : _____
Cuisson : _____

INSTRUCTIONS :

INGREDIENTS :

SNACKS

RECETTE :

Préparation : _____
Cuisson : _____

INSTRUCTIONS :

INGREDIENTS :

RECETTE :

SNACKS

INSTRUCTIONS :

RECETTE :

SNACKS

INSTRUCTIONS :

RECETTE :

Préparation : _____
Cuisson : _____

INSTRUCTIONS :

INGREDIENTS :

DESSERTS

RECETTE :

Préparation : _____
Cuisson : _____

INSTRUCTIONS :

INGREDIENTS :

DESSERTS

DESSERTS

RECETTE :

INSTRUCTIONS :

DESSERTS

RECETTE :

INSTRUCTIONS :

ENTRÉES

RECETTE :

INSTRUCTIONS :

Préparation : _____
Cuisson : _____

INGREDIENTS :

ENTRÉES

RECETTE :

INSTRUCTIONS :

Préparation : _____
Cuisson : _____

INGREDIENTS :

ENTRÉES

RECETTE :

INSTRUCTIONS :

ENTRÉES

RECETTE :

INSTRUCTIONS :

VIANDES

RECETTE :

Préparation : _____
Cuisson : _____

INSTRUCTIONS :

INGREDIENTS :

VIANDES

RECETTE :

Préparation : _____
Cuisson : _____

INSTRUCTIONS :

INGREDIENTS :

VIANDES

RECETTE :

INSTRUCTIONS :

VIANDES

RECETTE :

INSTRUCTIONS :

POISSONS

RECETTE :

Préparation : _____
Cuisson : _____

INSTRUCTIONS :

INGREDIENTS :

POISSONS

RECETTE :

Préparation : _____
Cuisson : _____

INSTRUCTIONS :

INGREDIENTS :

POISSONS

RECETTE :

INSTRUCTIONS :

POISSONS

RECETTE :

INSTRUCTIONS :

RECETTE :

Préparation : _____
Cuisson : _____

INSTRUCTIONS :

INGREDIENTS :

LÉGUMES

RECETTE :

Préparation : _____
Cuisson : _____

INSTRUCTIONS :

INGREDIENTS :

LÉGUMES

RECETTE :

LÉGUMES

INSTRUCTIONS :

RECETTE :

LÉGUMES

INSTRUCTIONS :

SNACKS

RECETTE :

Préparation : _____
Cuisson : _____

INSTRUCTIONS :

INGREDIENTS :

SNACKS

RECETTE :

Préparation : _____
Cuisson : _____

INSTRUCTIONS :

INGREDIENTS :

SNACKS

RECETTE :

INSTRUCTIONS :

SNACKS

RECETTE :

INSTRUCTIONS :

DESSERTS

RECETTE :

Préparation : _____
Cuisson : _____

INSTRUCTIONS :

INGREDIENTS :

DESSERTS

RECETTE :

Préparation : _____
Cuisson : _____

INSTRUCTIONS :

INGREDIENTS :

DESSERTS

RECETTE :

INSTRUCTIONS :

DESSERTS

RECETTE :

INSTRUCTIONS :

Printed by Amazon Italia Logistica S.r.l.
Torrazza Piemonte (TO), Italy

56565529R00036